AF339201

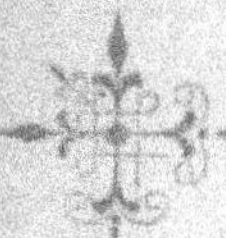 

SOUVENIR

DU

BANQUET OFFERT PAR M. BÉTHOUART

Chevalier de la Légion-d'Honneur

AU PERSONNEL DES ATELIERS

DE CONSTRUCTION

BÉTHOUART & F. BRAULT

DANS LA HALLE DE MONTAGE DES ATELIERS

Le 23 Août 1879

CHARTRES

IMPRIMERIE Éd. GARNIER

Rue du Grand-Cerf, 11

—

1879

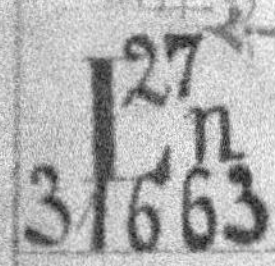

L.27n
31663

SOUVENIR

DU

BANQUET OFFERT PAR M. BÉTHOUART

Chevalier de la Légion-d'Honneur

AU PERSONNEL DES ATELIERS

DE CONSTRUCTION

BÉTHOUART & F. BRAULT

DANS LA HALLE DE MONTAGE DES ATELIERS

Le 23 Août 1879

CHARTRES

IMPRIMERIE Éd. GARNIER

Rue du Grand-Cerf, 11

—

1879

ATELIERS DE CONSTRUCTION DE MACHINES

FONTAINE   1836-1857

FONTAINE & BRAULT . . .   1857-1864

BRAULT & BÉTHOUART . .   1864-1873

BÉTHOUART & F. BRAULT.   1873-1883

CHARTRES — EURE-&-LOIR

HISTORIQUE

L'*Établissement* a été créé en 1836 par M. Fontaine, qui, avec une dizaine d'ouvriers, s'occupa, au début, de la construction des moulins à blé.

M. Fontaine construisit en même temps les Moteurs hydrauliques, et inventa, en 1840, la Turbine connue dans la science sous le nom de *Turbine Fontaine-Baron*.

Les Roues hydrauliques, les Turbines, les Moulins à blé avec leurs blutage et nettoyage, ont, depuis ce temps, été étudiés d'une façon toute particulière dans la maison, et lui ont acquis sa grande réputation.

Les récompenses aux Expositions universelles de Paris et Londres en 1844, 1849, 1851, marquent les progrès successifs de la construction dans les ateliers.

M. Brault, entré en 1840 comme ingénieur, est associé en 1857. Le personnel atteint le chiffre de 150 ouvriers; la fabrication se perfectionne; et les premières médailles obtenues à Paris et à Londres, en 1855 et 1862, ainsi que la décoration de la Légion d'honneur accordée à M. Fontaine à cette époque, viennent récompenser les constructeurs de leurs efforts.

M. Fontaine est remplacé en 1864 par M. Béthouart; les travaux exécutés dans les arsenaux, les poudreries, les villes, montrent le développement des ateliers.

L'établissement s'agrandit, le personnel dépasse le chiffre de 200 hommes; la médaille d'or à Paris en 1867, la croix de la Légion d'honneur à M. Brault en 1869 attestent la bonne voie où il marche.

Les travaux un moment arrêtés par l'invasion en 1870-1871, sont repris plus vigoureusement que jamais, et M. Brault cède sa place à son fils en 1873.

MM. Béthouart et F. Brault, après la médaille du progrès à l'Exposition de Vienne en 1873, portent leur personnel à près de 300 hommes.

Les moteurs hydrauliques sont alors arrivés à
un grand degré de perfection; la construction des
machines à élever les eaux dans les villes entre
pour une grande part dans la fabrication, et surtout la création des poudreries de Sevran, du
Bouchet et du Ripault atteste l'importance et la
grandeur de la maison.

La médaille d'or à l'Exposition universelle
de Paris en 1878, la décoration de la Légion
d'honneur décernée à M. BÉTHOUART en 1879,
14 médailles de coopérateurs, sont venues récompenser les efforts de tous, et les encourager à
persévérer dans la bonne tradition des ateliers si
bien indiquée par leurs devanciers.

RÉCOMPENSES ACCORDÉES

A L'ÉTABLISSEMENT

1844. Exposition universelle. Paris. Médaille d'argent.
1849.   —   Paris. Médaille d'or.
1851.   —   Londres. Council medal.
1855.   —   Paris. Médaille d'or.
1862.   —   Londres. Prize medal.
1853. Décoration de la Légion d'honneur.
1867. Exposition universelle. Paris. Médaille d'or.
1869. Décoration de la Légion d'honneur.
1873. Exposition universelle. Vienne. Médaille du progrès.
1878. Exposition universelle. Paris. Médaille d'or.
1879. Décoration de la Légion d'honneur.

14 Médailles de coopérateurs; plusieurs Médailles dans les Expositions départementales.

STATISTIQUE

I. PERSONNEL

A. Béthouart, associé.

F. Brault, associé.

Lavo, chef du bureau des études.

Bertrand, ingénieur.

Boudot, chef de la fonderie.

Montulé, chef d'atelier d'ajustage.

Rochette,   Id.

Amédée, chef d'atelier de modelage et de menuiserie.

Tuvache, sous-chef du bureau des études.

Ferré, chef d'atelier des forges.

Früh, représentant à l'Exposition universelle de Paris, 1878.

Tévert, comptable.

Bureau des études	10
Ajustage.	150
Fonderie.	50
Modelage et menuiserie.	60
	270

Les salaires se sont élevés à 16 millions de francs. Le salaire moyen annuel de l'ouvrier est de 1,300 francs. Chaque ouvrier produit annuellement un travail représentant la valeur de 3,400 francs, en machines finies.

La population moyenne des ouvriers et de leurs familles, comporte un total de 1,100 personnes.

Les ouvriers des ateliers savent lire et écrire; ils font presque tous partie d'une Société de secours mutuels.

Un tiers des ouvriers est propriétaire de son habitation; il possède une fortune variant de 2,000 à 15,000 francs.

Quelques-uns sont assurés sur la vie.

Des pourparlers sont engagés pour une assurance contre les accidents.

II. TRAVAUX EXÉCUTÉS

L'établissement a produit depuis sa création (1836) plus de 4,500 moteurs hydrauliques (roues et turbines), dont la force totale dépasse 90,000 chevaux-vapeur.

Le nombre de paires de meules à blé installées atteint 8,000. — 1,200 moulins ont été établis par la maison, ainsi qu'un nombre égal de nettoyages et de blutages.

Le total des machines fabriquées atteint le chiffre de 40 millions de francs.

Le charbon employé est de 50,000,000 de kilogrammes.

Le coke, de 20,000,000.

Le fer, de 15,000,000.

La fonte, de 55,000,000.

Etc., etc.

DINER DU 23 AOUT

Le samedi 23 août 1879, une fête charmante avait lieu à la Fonderie. Un des chefs de l'usine, M. Béthouart, nommé chevalier de la Légion d'honneur, avait réuni dans un banquet les employés et ouvriers de l'établissement, ses coopérateurs.

Le dîner était servi dans une immense halle de montage, transformée pour la circonstance en une vaste salle décorée avec la plus grande élégance et illuminée à giorno.

Au fond, les forges éclairées par des verres couleur de feu, avec leurs brasiers imités à s'y méprendre, le marteau-pilon à vapeur en avant, couronné de feux, les marteaux, les tenailles, etc., rangés en bataille, les enclumes en batterie, servaient de salle de concert à la Société Chorale et Fanfare de Chartres.

Des guirlandes de feuillage couraient le long des murs, des trophées de drapeaux aux couleurs nationales, alternaient avec des écussons ou étaient inscrits les états de service de l'usine.

On y lisait : *Moulins du siège de Paris — Poudreries de Sevran, du Bouchet, du Ripault — Arsenaux de Tarbes, Brest — Fonderie de canons de la marine de Ruelle — Élévations d'eau de villes : Tours, Chartres, Laval, Châteaudun, Périgueux — Turbines, roues hydrauliques*, et enfin le nom d'un certain nombre d'importants *moulins*, de *papeteries*, etc.

D'autres écussons portaient les mots : PROGRÈS — INDUSTRIE — UNION — PAIX. Enfin, sur un cartouche brillamment illustré et placé au milieu de la salle, on lisait en gros caractères :

LÉGION D'HONNEUR
1863 — 1869 — 1879.

Dates mémorables des trois hautes distinctions accordées successivement à MM. FONTAINE, BRAULT père et BÉTHOUART.

Un ravissant bouquet, une énorme gerbe de fleurs, offerts par les ouvriers, étaient placés au milieu de la salle, à la place d'honneur.

Un second bouquet, charmant également, a été présenté par M. Escudié, directeur musical de la Société Chorale et Fanfare, accompagné du vénérable M. Remond.

Huit tables immenses, réunissant environ 300 personnes, avaient été dressées. Six étaient réservées pour les ouvriers, et tout-à-fait au milieu d'elles (ce qui donnait à la réunion son véritable caractère de fête de famille) se trouvaient les deux autres où avaient pris place les invités, les parents, les amis, les contre-maîtres et un certain nombre d'anciens ouvriers.

M. Fontaine, Préfet d'Eure-et-Loir avait bien voulu accepter la présidence de cette fête; il était accompagné de M. Bornier, secrétaire-général, et de M. Fabre, conseiller de préfecture, récemment nommé officier d'Académie; M. Fontaine, M. Brault, anciens chefs de l'usine, et M. F. Brault, associé du nouveau légionnaire, étaient, bien entendu, de la fête, ainsi que les anciens contre-maîtres et ouvriers, ces vétérans du travail, dont M. Béthouart avait tenu ainsi à honorer les services rendus.

On a regretté vivement l'absence de M. Delacroix, sénateur, maire de la ville, qu'une indisposition a empêché, à son grand regret, de venir assister à ce dîner, et celle de M. Noël Parfait, député, que des travaux importants retenaient ce jour-là à Paris.

A sept heures, M. le Préfet entrait dans la salle, donnant le bras à Mme Béthouart. Les trois cents personnes présentes se levèrent alors d'un élan unanime, et M. le Préfet ne put s'empêcher de demander la permission, avant de prendre sa place, de passer au milieu des ouvriers.

Pendant tout le dîner, une gaieté des plus cordiales et des plus franches n'a cessé de régner.

Au dessert, plusieurs toasts ont été portés.

M. le Préfet a pris le premier la parole et s'est exprimé en ces termes :

MESSIEURS,

M. Béthouart a bien voulu m'inviter à participer à cette fête de famille. Je l'en remercie sincèrement, parce que son aimable invitation me permet de le féliciter publiquement sur la haute récompense qu'il vient d'obtenir, parce qu'elle me permet aussi de me trouver au milieu de vous tous.

C'est la première fois, depuis que j'ai l'honneur d'administrer le département d'Eure-et-Loir, qu'il m'est donné d'assister à l'une de vos réunions. Or, je suis heureux de le dire bien haut, vous êtes de bons ouvriers, laborieux et tranquilles, honnêtes et intelligents, je n'ai que des paroles de félicitations à vous adresser.

Aussi voyez comme vous êtes estimés et sympathiques; M. Béthouart vous associe aujourd'hui à sa joie et vous réunit à sa famille. Voyez aussi combien produit d'heureux effets l'association si logique du travail et du capital.

Messieurs, je bois à la santé de M. Béthouart et de M. Brault les dignes chefs de ce grand établissement — je bois à la santé du nouveau chevalier, de sa gracieuse compagne, je bois à vous tous, mes amis, en même temps qu'à l'industrie française.

M. Béthouart a porté ensuite le toast suivant :

Messieurs,

Je remercie notre honorable Préfet, le digne représentant du gouvernement de la République, d'avoir bien voulu présider cette fête de famille, prouvant ainsi toute sa sollicitude pour les classes laborieuses.

Je bois à la santé de M. le sénateur Delacroix, maire de Chartres, de M. Noël Parfait, député de notre arrondissement, dont nous regrettons vivement l'absence aujourd'hui; à ces hommes dévoués qui ont tant fait pour les intérêts moraux et matériels des ouvriers.

A mon excellent ami, M. le conseiller de préfecture Fabre, que je suis heureux de féliciter ici de sa nomination d'hier, d'officier d'Académie.

A mes parents, à mes amis, aux fondateurs de l'établissement que je remercie de leur présence à cette fête.

A tous les ouvriers des ateliers, si laborieux, si habiles, à qui je reporte l'honneur de la distinction qui m'est faite.

Ils savent qu'un travail obstiné, consciencieux, dirigé par l'envie de bien faire, leur donnera l'aisance, la santé, le repos de l'esprit ; et c'est ainsi qu'ils contribueront à la gloire et à la prospérité de notre pays, qui doit tenir la première place dans tous les cœurs.

Je vous remercie des magnifiques bouquets que vous m'avez offerts, et j'en ai fait don de votre part à Madame Béthouart.

A la Société Chorale et Fanfare de Chartres, si bien dirigée par son vaillant et habile chef, M. Escudié, à ses succès passés, à ses futurs succès.

M. le conseiller de Préfecture Fabre s'exprime comme suit :

MESSIEURS,

Je remercie M. Béthouart des paroles flatteuses qu'il vient de m'adresser, et auxquelles je n'avais pas le droit de m'attendre.

Si je suis heureux, en effet, de la distinction honorifique qui m'a été accordée, je n'oublie pas que l'honneur en revient pour une large part à M. le Préfet, dont je n'ai eu qu'à suivre l'exemple.

Quant à la haute distinction dont M. Béthouart a été l'objet, je l'en félicite sincèrement à mon tour, car il l'a bien légitimement méritée à la suite des grands et nombreux travaux qu'il a exécutés de concert avec son excellent associé, M. Francis Brault, et avec votre participation à tous.

Un de nos plus grands ministres, Sully, a prononcé ces paroles bien connues. « Pâturage et labourage sont les deux mamelles de la France. »

Si Sully avait vécu de nos jours, il aurait dit plus justement : agriculture et industrie sont les deux mamelles de la France.

Messieurs, je bois à la France, à l'industrie, à notre honorable amphitryon.

M. Francis Brault a ensuite prononcé d'une voix forte le discours suivant :

Messieurs,

A titre du plus jeune de vos chefs, je propose un toast à mes devanciers.

A M. Fontaine, fondateur de notre établissement qui bientôt présidera notre cinquantenaire. La haute distinction qui l'a honoré en 1863, a récompensé en lui le labeur incessant, le génie inventif de l'homme qui, secondé par des chefs jeunes et habiles, M. Brault, son futur associé, M. Hugues, que nous regrettons tous, a su doter son pays d'un moteur utilisant merveilleusement les forces hydrauliques, réparties d'une façon si ingénieuse par la nature sur toute la surface de notre sol.

A mon père, qui a si puissamment aidé au développement des ateliers par son infatigable activité. La croix de la Légion d'Honneur en 1869, a couronné ses travaux et distingué aussi le chef ferme et énergique, mais toujours bienveillant et dévoué aux intérêts des ouvriers.

A mon associé, M. Béthouart, dont nous fêtons aujourd'hui la nouvelle distinction qu'il a su mériter par la création des moulins du siége de Paris, la transformation des poudreries militaires, et l'extension donnée aux grands travaux de l'établissement, en respectant fidèlement la tradition si bien établie par nos devanciers.

A vous tous, nos amis, nos collaborateurs dévoués, qui avez la plus grande part à ces honneurs, dont les récompenses de l'ordre le plus élevé obtenues depuis près de cinquante années dans les Expositions universelles attestent les vaillants efforts, et dont l'habileté professionnelle nous donne le droit de compter dans l'avenir sur de nouveaux succès.

M. Fontaine, fondateur de l'établissement, remercie en quelques paroles émues; il espère bien, ajoute-t-il, présider le cinquantenaire de la création des ateliers, heureux d'avoir suivi si longtemps leur développement régulier et constant.

M. Lavo, chef du bureau des études, s'exprime ainsi :

Je devrais peut-être vous laisser sous la vive impression que vous ont causée les paroles si vraies de M. Francis Brault, notre jeune et sympathique patron ; permettez cependant à l'un des plus anciens employés de l'établissement d'ajouter quelques mots.

Les expositions de Vienne en 1873, de Paris en 1878, qui ont porté à un si haut degré les progrès de l'industrie, ont montré par les hautes récompenses accordées à notre maison, que son succès allait toujours grandissant. Les immenses travaux que les ateliers ont produit depuis une dizaine d'années, pour les poudreries et les arsenaux, en ont été la preuve évidente.

La récompense dont M. Béthouart vient d'être honoré, résume les derniers efforts tentés par la maison, surtout depuis la guerre.

Mais, Messieurs, permettez-moi d'appuyer sur un fait qu'il est bon de signaler.

Malgré tout le surcroît de labeur de ces dernières années, la maison a toujours, par un profond respect de la tradition, conservé le culte de ce travail primitif, qui avait fait sa fortune d'origine, je veux dire, la construction des turbines, des roues et des moulins; car c'est dans ce genre de travail que la maison excelle, c'est là que réside toute sa force, c'est là qu'elle surpasse et domine les autres.

Et c'est là que, grâce au zèle, au bon vouloir et au dévouement intelligent de tous, patrons, employés et ouvriers, elle saura, soyez-en sûrs, se maintenir la première.

Dans cet espoir, Messieurs, je vous propose de boire à la prospérité toujours croissante de la maison.

M. Morin, ouvrier ajusteur, prend alors la parole et s'exprime en ces termes :

MESSIEURS ET CHERS PATRONS,

Au nom de tous mes collègues, de qui je suis l'interprète, je viens vous exprimer toute la joie, tout le bonheur que nous ressentons en nous trouvant ici, fêtant la haute récompense accordée à M. Béthouart.

Oui, Messieurs, nous sommes heureux de nous trouver tous réunis avec les premiers magistrats de notre département, qui font tout pour le développement de l'industrie et le bonheur de l'ouvrier, avec vos parents, vos amis, qui par leur présence ajoutent à l'éclat de cette fête.

L'atelier, au milieu duquel se trouvent ces tables si brillantes, si animées, est aujourd'hui transformé en salle de fête, mais demain le bruit des marteaux y

viendra remplacer celui des verres ; à la franche gaieté
succédera l'entrain du travail ; aujourd'hui le plaisir, la
joie, demain le sentiment du devoir ; et tous, stimulés
par le souvenir de cette magnifique soirée, nous tra-
vaillerons avec plus d'ardeur pour conserver le titre de
coopérateurs, que vous voulez bien nous accorder.

Acceptez donc, Messieurs et chers Patrons, nos vœux
les plus sincères pour votre bonheur et celui de vos
familles.

Nous extrayons du discours de M. Régnier,
ouvrier forgeron, le passage suivant :

. . . .

Oui, Messieurs, c'est du fond du cœur que je porte
un toast à vous, M. Béthouart, à qui nous devons
d'être tous réunis par une fraternelle et cordiale entente ;
à vous, M. Francis Brault, pour l'union et l'accord qui
règnent entre vous, et à vous tous, Messieurs les contre-
maîtres, dont je ne cite pas les noms, mais qui reste-
ront, entendez-le bien, entourés du respect et de la
gratitude de la corporation ouvrière, car vous avez été
les missionnaires de ce qu'il y a de plus auguste parmi
les hommes, vous avez été les missionnaires du
travail.

M. Brault père, Président de la Société des
Travailleurs d'Eure-et-Loir, après quelques paroles

sur le rôle et l'utilité de la Société française, la Tempérance, continue en ces termes :

Permettez-moi de conserver la parole un instant encore pour vous dire quelques mots sur les sociétés de secours mutuels dont nous faisons tous partie. L'institution des sociétés de ce genre, vous le savez, est une noble pensée, pensée féconde, qui tend de jour en jour à rapprocher tous les membres de la grande famille humaine ; solidarité, réciprocité, sont, comme je le disais dans une autre occasion, les pôles nord et sud de cette sphère sublime que l'on appelle l'assistance mutuelle et autour de l'axe de laquelle vous vous êtes si heureusement groupés.

Depuis que j'ai eu l'honneur de présider l'une de vos sociétés je vous ai dit et répété que tous nos efforts devaient tendre à augmenter notre fonds de réserve qui seul peut nous assurer le service des pensions de retraite ; suivons donc avec confiance nos entreprises qui sont des œuvres de moralisation, de dévouement et de pure confraternité.

Honneur à vous, mes amis, vous m'avez compris, vous avez prouvé combien vos associations vous sont chères, et vous prouverez une fois de plus que tout sentiment d'égoïsme a disparu de vos cœurs ; nous conserverons le feu sacré qui nous anime, nous poursuivrons avec persévérance notre œuvre encore naissante, et nous terminerons notre carrière avec la conscience satisfaite et le sentiment du devoir accompli.

Mes amis, je bois à votre santé et à celle de vos familles.

Je félicite M. Béthouart, le nouveau légionnaire, de l'heureuse idée de vous avoir réunis tous, au milieu des ateliers, en cette brillante fête de famille.

Tous ces toasts ont été accueillis par de nombreux et énergiques bravos; les médailles et diplômes accordés par la Société française la Tempérance, sont alors distribuées à MM. Gougis, Ferré, Leprince et Goussard.

M. Ferré remercie M. Brault en ces termes:

Nous vous remercions vivement de l'honneur que vous nous faites d'avoir été choisis pour recevoir ces récompenses.

Nous vous prions, Monsieur, d'être pour nous l'interprète de notre gratitude auprès de M. le Président de la société la Tempérance, et de vouloir bien lui dire que nous espérons toujours mériter cette insigne faveur.

Nous espérons aussi voir grandir parmi nous le nombre des élus.

La Société Chorale et Fanfare de Chartres, dont M. Béthouart est président, s'est fait entendre à plusieurs reprises, et a été très-applaudie. La polka des *Forgerons* a surtout été réussie, avec son accompagnement de vrais marteaux frappant sur de vraies enclumes.

La *Marseillaise* a été enlevée avec un entrain incomparable ; le directeur musical, M. Escudié, s'est surpassé, et la société a produit un véritable élan d'enthousiasme par son admirable interprétation.

Cette soirée a été magnifique, excellente sous tous les rapports ; elle a été bien réglée, bien ordonnée, grâce à l'intelligence des commissaires généraux, MM. Montulé et Tevert, secondés par 48 commissaires et sous-commissaires.

La salle a été fort brillamment décorée par M. Allaire, et le dîner fort bien servi par M. Bourdois.

M. le sénateur Delacroix, maire de Chartres, avait envoyé le matin la lettre d'excuse suivante :

Chartres, le 23 août 1879.

MON CHER MONSIEUR BÉTHOUART,

Il y a huit jours, j'avais espéré être suffisamment rétabli pour me rendre à la gracieuse invitation que vous m'avez fait l'honneur de m'adresser; il n'en peut être ainsi et malheureusement il s'écoulera encore un grand nombre de jours avant qu'il me soit permis de sortir de chez moi.

J'aurais été heureux, Monsieur, de dire à vos excellents collaborateurs dont je connais encore un grand nombre, et depuis au moins deux générations, que je me plais ainsi que vous et vos honorables prédécesseurs, à reporter sur leur concours intelligent, une grande part de l'honneur insigne dont à votre tour vous venez d'être l'objet de la part du gouvernement.

Je suis assuré à l'avance de trouver grâce devant Madame Béthouart qui avait bien voulu joindre son invitation personnelle à la vôtre ; veuillez, Monsieur, lui en témoigner toute ma reconnaissance et lui faire agréer l'expression de mes regrets, ainsi que l'assurance de mes très-respectueux hommages.

Recevez, mon cher Monsieur Béthouart, l'expression de mes meilleurs sentiments.

J. DELACROIX.

M. Noël Parfait, député de l'arrondissement, est venu quelques jours avant la fête, exprimer ses plus vifs regrets de ne pouvoir y assister.

ANNEXE

MINISTÈRE
DE L'AGRICULTURE ET DU
COMMERCE

Approvisionnement de Paris

PERSONNEL

Récompenses hono-
rifiques

RAPPORT de l'Ingénieur ordinaire *pour appuyer une proposition de récompense honorifique en faveur de* M. Béthouart, *inspecteur du service des moulins.*

Dans un autre rapport en date de ce jour, nous avons exposé le système que nous nous proposions de suivre pour récompenser le concours des collaborateurs du service des moulins. Nous avons indiqué, notamment, que nous demandions une distinction honorifique pour un inspecteur du service des moulins, M. Béthouart, et pour un meunier, M. Séraphin. Ce rapport est destiné à justifier la proposition faite en faveur du premier de ces deux noms.

M. Béthouart est l'un des chefs de la maison Brault et Béthouart, très-honorablement connue dans l'industrie pour la construction des moulins et des turbines, et médaillée à l'Exposition universelle de 1867.

Attaché au service des moulins dès le début de nos opérations, M. Béthouart a été l'un de nos conseils les plus précieux, par sa compétence et son expérience de la construction des moulins. Nous avons toujours trouvé autant de maturité que d'autorité dans toutes ses indications.

. . . .

. . . .

. . . .

Ce sont là des résultats significatifs et honorables, ils constituent, ce nous semble, des titres très-sérieux pour recommander la nomination de M. Béthouart comme chevalier de la Légion-d'Honneur.

Paris, le 6 février 1871.

L'Ingénieur des Ponts-et-Chaussées,

E. CHEYSSON.

(Copie conforme).

MINISTÈRE
DE L'AGRICULTURE ET DU
COMMERCE

Approvisionnement de Paris

—

Moulins

—

Paris, le 8 février 1871.

L'Ingénieur en chef, chef du service des moulins,

A Monsieur le Ministre de l'Agriculture & du Commerce.

Monsieur le Ministre,

J'ai l'honneur de vous transmettre avec ce pli, trois rapports de M. l'ingénieur Cheysson.

. . . .

. . . .

Je m'associe pleinement aux propositions faites dans ces rapports ; je ne saurais dire ni plus ni mieux pour les justifier.

Même au milieu des désastres qui nous accablent et qui n'ont pas de précédents, notre pauvre France doit tenir à honneur de récompenser dignement ceux de ses enfants qui ont fait courageusement leur devoir.

Il n'y a pas lieu de rechercher si les services dont il s'agit ont été faits devant l'ennemi : il suffit de rappeler qu'ils ont exigé du courage, de la fermeté, du travail, de l'abnégation, et qu'ils ont puissamment concouru à prolonger notre défense.

Autant que notre artillerie, nos moulins ont tenu l'ennemi en échec, et il n'a eu raison de Paris que, lorsque faute de grains, nos moulins ont cessé de fonctionner.

Je m'associe donc pleinement à la proposition faite par M. l'ingénieur Cheysson, en faveur de M. l'inspecteur Béthouart.....

Veuillez agréer, Monsieur le Ministre, l'assurance de mon profond respect.

L'Ingénieur en chef, chef du Service des moulins.

J.-B. KRANTZ.

(Copie conforme).

www.ingramcontent.com/pod-product-compliance
Lightning Source LLC
LaVergne TN
LVHW021052050726
842519LV00003B/1124